OSCAR TIETZ
(1858–1923)

JÜDISCHE MINIATUREN
Lebensbilder • Kunst • Architektur
Herausgegeben von Hermann Simon

Band 13 Oscar Tietz

Alle »Jüdische Miniaturen« sind auch im Abonnement beim Verlag erhältlich.

Die Deutsche Nationalbibliothek verzeichnet diese Publikation in der Deutschen Nationalbibliografie; detaillierte Daten sind im Internet über https://portal.d-nb.de/ abrufbar.

Inh. Dr. Nora Pester
Wilhelmstraße 118, 10963 Berlin
info@hentrichhentrich.de
http://www.hentrichhentrich.de

Korrektorat:	Ute Groß
Satz:	Barbara Nicol
Druck:	Winterwork, Borsdorf

3. Auflage 2013

Printed in Germany
ISBN 978-3-942271-98-1

NILS BUSCH-PETERSEN

OSCAR TIETZ

Von Birnbaum / Provinz Posen
zum Warenhauskönig von Berlin

HENTRICH & HENTRICH

CENTRUM JUDAICUM

Umschlagseite vorn:
Oscar Tietz, Ausschnitt aus: Georg Tietz, »Hermann Tietz«,
Geschichte einer Familie und ihrer Warenhäuser, 1965

Inhalt

Oscar Tietz

Anstelle eines Vorwortes

Als der Vater Oscars, Jakob Tietz, spürte, dass seine Zeit gekommen war, versammelte er seine Familie um sich. Der sehr religiöse alte Mann hatte seine letzten Lebensjahre mit Hilfe der geschäftlich erfolgreichen Söhne ganz dem Studium der Schriften widmen können. Georg Tietz, der Sohn von Oscar Tietz, berichtet, was er über diesen Tag später erfuhr. (Georg Tietz, S. 28)

Allen Söhnen, außer Oscar nahm Jacob Tietz bevor er starb das Versprechen ab, stets die vorgeschriebenen Gebete zu sprechen und ihre Nahrung den jüdischen Speisegesetzen entsprechend zuzubereiten und segnete sie. Dann wandte sich der Vater zum Segen an seinen jüngsten Sohn und sagte zu Oscar:

»Ich weiß, du hältst dich nicht an die altüberlieferten Formen, und du isst, was die Umwelt isst; du hast neue Ideen im Kopf, aber keines meiner Kinder, auch keiner der Frommen in Israel, übertrifft dich als guter Jude in deiner sozialen Gesinnung, im Wohltun, an Gemeinsinn und in der Beachtung der ethischen Wahrheiten unseres Glaubens; suche und finde Gott auf deine Art.«

Kindheit in Birnbaum

Alles begann in Birnbaum, einem kleinen Städtchen in der preußischen Provinz Posen.
Unweit der Fernstraße gelegen, die von Berlin über Küstrin nach Posen führt, trägt die Stadt seit 1919 nur noch ihren polnischen Namen Miedzychod.
Birnbaum ist ein besonderer Ort, er liegt idyllisch am Wartheufer unterhalb des großen Netze-Urwaldes, verfügt über eine legendäre Mineralquelle, die als artesischer Brunnen an der Hauptstraße sprudelt, ja vor kurzem sind sogar nennenswerte Ölvorkommen im Gebiet der Gemeinde geortet worden.
Birnbaum ist ein magischer Ort für den deutschen Einzelhandel.
Birnbaum/Miedzychod ist aber auch ein erwähnenswerter Ort, weil hier Polen leben, die sich um das Angedenken eines deutschen Juden kümmern, eine Besonderheit auch heutzutage.

Oscar Tietz, dessen Elternhaus in der heute nach seiner Familie benannten kleinen Straße auf halbem Weg zwischen der früheren Synagoge und dem Marktplatz stand, wurde hier am 18. April 1858 als jüngstes von fünf Kindern des Fuhrmannes Jacob Tietz und seiner Frau Johanna geboren.

Für damalige Verhältnisse war die Familie Tietz schon »alteingesessen«. Seit gut 100 Jahren lebte man in dieser Gegend, seit der Ahn David ben Zwi (David, Sohn des Hirsches) 1773 als Siedler und späterer Gutsbesitzer aus Holland nach Tütz (Pommern) kam. Aus diesem Ortsnamen dürfte auch der Familienname Tietz abgeleitet worden sein.
Ein Zweig der Familie lebte dann seit den 90er Jahren des 18. Jahrhunderts ständig in Birnbaum.
Über Generationen betrieb man Handel oder eben das Fuhrgewerbe, welches Oscars Vater schon vom Großvater Salomon übernommen hatte.
Mit dem Fuhrbetrieb fiel es schwer, eine Familie zu ernähren. Oscar wuchs in einfachen Verhältnissen auf. Er beschrieb sein Elternhaus als traditionell, innig religiös und insbesondere den Vater als sehr belesen.
Früh schon halfen die Kinder im Haushalt mit, ritten vor dem Unterricht die Pferde zur Tränke, arbeiteten nach der Schule und erhielten abends vom Vater religiöse Kenntnisse vermittelt. Die Synagoge wurde regelmäßig besucht.
Der enge Zusammenhalt der Familie, wie ihn Oscar erlebte, hat ihn von klein auf geprägt. Gleichzeitig war das Klima des Umganges der christlichen und jüdischen Polen und Deutschen im durch die Zeitläufte oft hin- und hergeworfenen Birnbaum sehr liberal, wobei die Bevölkerungsmehrheit stets polnisch gewesen ist.

Die Kleinstadt in malerischer Umgebung war ein schöner, anheimelnder Kindheitsort. Malerisch sei nicht nur so dahingesagt, stammt doch auch mit Lesser Ury einer der bedeutenden Maler der deutschen Moderne aus Birnbaum und finden sich in seinem Werk viele Erinnerungen an die Heimat. Lesser und der drei Jahre ältere Oscar waren Spielkameraden, wird noch heute in Birnbaum berichtet.
Georg Tietz zitiert seinen Vater Oscar mit dessen Feststellung, »dass alles, was er gelernt habe, seinen festen Grund in der häuslichen Gemeinschaft gehabt hätte und im Umgang mit den Menschen in diesem Landstädtchen.« (Georg Tietz, S. 20)
Die Leidenschaft fürs Lesen hatte Oscar vom Vater geerbt, ohne bei den damals populären Titeln stehen zu bleiben. Schon früh begeisterte er sich zum Beispiel für Heine.
Das klingt nicht nach dem Bücherregal eines Kleinstadtjugendlichen seiner Zeit, erklärt sich aber – wie die Fortschrittsbegeisterung des Oscar Tietz – offenbar ausgerechnet aus dem Einfluss der Schule.
Vom Klischeebild der preußischen Lehranstalten als Altersversorgung ehemaliger Unteroffiziere und Hort konservativ-militaristischen Denkens muss man sich trennen, um den scheinbaren Widerspruch aufzulösen, den Fortschritt und preußische Provinzschule darstellen. Nach der gescheiterten 1848er Revolution »verbannte« der Staat Preußen seine unsicheren Kantonisten und Aufwiegler aus den

Brennpunkten der Entwicklung, den Großstädten und Industriezentren in die ländlichen Provinzen und Regionen. Im Ergebnis wurde oft das Gegenteil erreicht, sind fortschrittliches Denken und Liberalismus verbreitet, vervielfältigt worden. Auch am Birnbaumer Progymnasium, der Schule von Oscar, wirkten solche »48iger« Lehrer.

Lehrjahre in Prenzlau

1870 war ein wichtiges Jahr für die Familie Tietz. Drei Brüder von Jacob Tietz kehrten aus den Vereinigten Staaten heim nach Deutschland. Hermann, Julius und Heinrich folgten einer Geschäftsidee des bereits 1866 heimgekehrten Bruders Chaskel. Sie investierten ihr gesamtes Vermögen in Armeepferde, charterten ein Segelschiff und setzten mit ihren Familien über. In Deutschland verkauften sie die Pferde an die Armee mit großem Gewinn, der deutsch-französische Krieg brauchte Nachschub. Chaskel hatte auf die gleiche Weise bereits für den preußisch-österreichischen Krieg geliefert und ein Vermögen gemacht.
Zu diesem Onkel wurde Oscar nun 1871 nach Barmizwa und Schulende mit 13 Jahren in die Lehre nach Prenzlau geschickt. Die einfache, doch unbeschwerte Kindheit ging für den Jungen im Einsegnungsanzug mit der Abfahrt vom kleinen Bahnhof Birnbaum zu Ende.
Prenzlau, das waren schwere Lehrjahre für Oscar. An

sechs Tagen in der Woche begann die Arbeit im Lumpenspeicher oder auf dem Schrottplatz nach dem Morgengebet um 6.00 Uhr und dauerte bis in die Nachtstunden, welche der Buchhaltung und anderen Kontorarbeiten dienten. Bei dieser Arbeit eignete er sich seine später legendären warenkundlichen Kenntnisse an. Oscar lernte Rohstoffe und verschiedenste verarbeitete Materialien unterscheiden und sachkundig zu bewerten.

Dennoch fand der aufgeweckte Jugendliche Zeit für seine Leidenschaft, die Bücher.

Nun kamen fortschrittliche Ökonomen wie Schultze-Delitzsch und »Aufrührer« wie Marx, Engels, Bebel hinzu, deren Schriften ihn zeitlebens begleiteten. In der Familie und bei den Prenzlauer Onkeln war Oscar mit seiner Lektüre und Einstellung nicht gut gelitten.

»Jetzt hast du deine Lehrzeit beendet, hier hast du als Geschenk deinen Hut und deinen Stock, jetzt sind ›Sie‹ Kommis – aber nicht bei uns.«, mit diesen Worten entließ ihn dann auch Onkel Chaskel nach vier Jahren. (Georg Tietz, S. 21)

Kommis in Stralsund und Berlin

Es war nicht leicht, eine Anfangsstellung zu finden, so begann Oscar als Kommis (Handlungsgehilfe) im Weißwarengroß- und Einzelhandel seines älteren Bruders Leonhard in Stralsund. Als Reisender versuchte er später, einen wichtigen, von Konkurrenten umworbenen Kunden zu binden, indem er die Aufnahme der Tochter als Gehilfin in Leonhards Geschäft durchsetzte. Was heute für einen Wirtschaftszweig mit einer über 70%igen Frauenquote bei den Beschäftigten unspektakulär klingt, grenzte damals an einen Skandal. Eine junge weibliche Angestellte zu Zeiten, in denen noch alle Beschäftigten mit den Firmeninhabern unter einem Dach wohnten und nahezu alle Gehilfen männlich waren! Die Konkurrenz bot noch bessere Konditionen, der Kunde wechselte, das Mädchen ging nach Hause, die Onkel intervenierten und Leonhard musste Oskar entlassen.

Weitgehend isoliert von der Familie wechselte Oscar nach Berlin. Nur sein Onkel Hermann und dessen Ziehtochter, Oscars Cousine Betty, Tochter der in Amerika verstorbenen Tante Rosa, hielten engen Kontakt zu ihm.

Oscar Tietz arbeitete in der Hauptstadt in verschiedenen Stellungen, ohne berufliche Erfüllung zu finden, erledigte auch gelegentlich kleinere Geschäfte für Bruder Leonhard und die diversen Onkel.

Er hielt sich begeistert über jede technische Neuerung auf dem Laufenden und nutzte die Feierabende, um zu lesen und zu experimentieren.

Gera – die Geburt einer Geschäftsidee

Bei seinen Experimenten stellte er fest, dass Baumwollstickerei auf Wollmaterial ein Tauchbad in Salzsäure unbeschadet übersteht, die Wolle jedoch aufgelöst wird. So ließ sich offenbar extrem preiswert Spitze herstellen, vielleicht auch in größerem Stile?
Eine Geschäftsidee war geboren, die Anstellung als Möbelverkäufer wurde gekündigt und Onkel Hermann für eine Teilhaberschaft begeistert. Dieser war bereit, das Startkapital von 1000 Mark zur Verfügung zu stellen.
Die beiden wählten mit Bedacht Gera, eine Kleinstadt in der vogtländisch-thüringischen Textilregion. Sie hofften, dort billig fehlerhafte oder überschüssige Wollstoffe als Trägermaterial für das neue Verfahren kaufen zu können.
Für den Absatz der Ware, deren Herstellung ein Weber in Plauen übernahm, mieteten sie einen kleinen Laden in Gera, Sorge 23 und eröffneten am 1. März 1882 das Geschäft und die Firma »Hermann Tietz«, dem Finanzier zu Ehren nach ihm benannt. Onkel Hermann hatte im Nebenhaus eine Wohnung angemietet und beide Männer führten gemeinsam mit Betty das Geschäft.

Gera, den 1. März 1882

P. P.

Dem verehrten Publikum Geras und Umgegend die ergebene Mitteilung, daß ich am hiesigen Platze

Sorge 23

Garn-, Knopf-, Posamentier-, Weiss- und Wollwaren-Geschäft

en gros und en detail

der Firma

Hermann Tietz

…et habe

Indem ich mich beehre, Sie hiervon in Kenntnis zu setzen, bitte ich zugleich um Ihr geneigtes Wohlwollen und gebe Ihnen …ersicherung, daß ich durch strenge Rechtlichkeit mich desselben würdig zeigen werde.

Vielseitige in den angesehensten Export-Häusern gesammelte Erfahrungen und ausgebreitete Bekanntschaft, sowie genügende …l, haben mir die ersten Bezugsquellen geöffnet, **was mich hoffen läßt, hinsichts großer Auswahl und billiger …snotierungen jede Konkurrenz zu bestehen** und auch Ihren Beifall zu finden.

Haben Sie die Güte, mich mit Ihrem Besuche zu beehren und genehmigen Sie die Versicherung meiner

Hochachtung

Hermann Tietz.

Sorge 23, im Hause des Herrn Anton Pertzel.

Eröffnungsanzeige für Gera, Sorge 23

Das »Garn-, Knopf-, Posamentier-, Weiß- und Wollwarengeschäft« wurde als Groß- und Einzelhandel betrieben, wie Bruder Leonhards Geschäft in Stralsund. »Ich hoffe, durch große Auswahl und billige Preisnotierung jede Konkurrenz zu bestehen«, schließt der Wortlaut des Eröffnungsinserates. Der Umsatz des ersten Tages betrug 34,50 Mark.

Bereits im kleinen Laden mit einem Schaufenster begann die Revolution des Oscar Tietz: In der Hoffnung auf einen schnellen Warenumschlag wurden die Preise extrem niedrig kalkuliert. Kunden konnten nach Herzenslust stöbern, auch ohne etwas einzukaufen. Auch das war eine Neuerung in den Zeiten des damals üblichen »Kaufzwanges«. Die Inneneinrichtung war großenteils aus Kistenbrettern zusammengenagelt! Alle Preise wurden erkennbar ausgezeichnet und mussten beim Kauf bar bezahlt werden. Es gab keine zeit- und nervenraubenden Feilschereien mehr. Alle Kunden wurden gleich behandelt, und da die damals noch gängige Praxis des »Anschreibens« wegfiel, war unmittelbare Liquidität gesichert.
Bei Bedarf konnte so schnell die benötigte Ware eingekauft werden. Kaufleute, die in der Lage sind, ihren Einkauf sofort zu bezahlen, waren zu allen Zeiten bei Herstellern beliebt und erhielten im Gegenzug beste Konditionen. Ein alter Kaufmannsspruch lautet: »Nicht im Verkauf, im Einkauf liegt der Gewinn!«.
Die preiswerte Spitze nach dem Verfahren von Oscar Tietz wurde ein »Renner«. Mehrfach in der Woche konnte der Existenzgründer nach Plauen fahren, um wachsende Mengen zu ordern.
Die Mitbewerber aber hielten Oscar Tietz und seine Geschäftsidee schlichtweg für verrückt und störend zugleich. Zur Beschleunigung des erwarteten Niedergan-

ges kauften die Konkurrenten ihn massiv aus, um die Ware andernorts teurer zu verkaufen. Sein Geschäft florierte aber durch den raschen Abverkauf umso mehr.
Doch das Unheil nahte in Gestalt der Onkel aus Prenzlau. In der Handelszene hatte es sich bis zu ihnen herumgesprochen, dass der junge Tietz in Gera mit allen Traditionen brach und »revolutionäre« Konzepte umsetzte, die mit Sicherheit scheitern würden. Die Onkel reisten an und setzen Hermann Tietz unter Druck, bis dieser sich aus dem Geschäft zurückzog.
Neben der Kapitaleinlage konnte Oscar Tietz dem formal ausscheidenden Onkel noch den in wenigen Monaten erzielten Gewinn von 5000 Mark (!) auszahlen und stand nunmehr als Alleininhaber der Firma mit einem Lädchen voller Ware ohne liquide Mittel praktisch vor dem »Aus«.
Aber Cousine Betty sprang mit ersparten 300 Mark ein. Sie rettete buchstäblich den Laden. Mit zwei Angestellten machte Oscar Tietz weiter. Über Körbe mit seinen Spitzendeckchen, die reißenden Absatz fanden, erweiterte er das Sortiment mit preiswerten Korbwaren.
Eine weitere ungeschriebene Regel des damaligen Einzelhandels ließ er dabei hinter sich, sein Sortiment enthielt nicht mehr nur eine Warengruppe, es begann, heterogen zu werden.
Die extrem günstigen Preise durch Direktbezug beim Hersteller und knappe Kalkulation riefen neue Gegner

und Neider auf den Plan. Kaufleute, die durch Bezug beim Großhandel zu Preisen einkauften, zu denen er verkaufen konnte, warfen Oscar Tietz unredlichen Wettbewerb vor. Er reagierte mit Anzeigen in Zeitungen, die er zur Aufklärung der Verbraucher über seine Geschäftspolitik nutzte. So wurde die Zeitschriftenreklame für sein Unternehmen ein wichtiges Marketinginstrument.
Das Geschäft entwickelte sich allen Anfeindungen zum Trotz. Benachbarte Läden und Nebenräume wurden angemietet. Onkel Hermann war längst wieder aktiv – aber ohne Beteiligung – an Bord. 16 Gehilfen und Gehilfinnen gab es in der Wohnung zu versorgen.

Heirat und gemeinsamer Aufbau

Im Spätsommer 1884 wurde das erweiterte Geschäft eröffnet. Oscar und Betty, die sich in den Jahren innigen Zusammenhalts und enger Zusammenarbeit immer näher gekommen waren, nutzten die Gelegenheit und gaben ihre Verlobung bekannt.
Erneut brandete der Widerstand der einflussreichen Onkel auf: Das arme Waisenkind Betty dürfe man nicht diesem Spinner Oscar überlassen. Erst 1886 gaben sie ihren Widerstand auf und stellten die Bedingung, dass Oscar und der ihm beistehende Hermann eine Synagoge in Gera stiften sollten, um die Zustimmung der Familie zur Heirat von

Oscar und Betty zu erhalten. Der Erfolg der ersten Jahre machte es ihnen möglich, für die kleine Geraer Gemeinde einen Beetsaal einzurichten.
Im Herbst 1886 heirateten Betty und Oscar Tietz in Berlin, dem für eine Familienfeier besser erreichbaren Ort. Wenig später starb Jacob Tietz im Kreise seiner Kinder in Birnbaum.
Hermann Tietz verließ für kurze Zeit den gemeinsamen Haushalt. Er eröffnete und leitete in Weimar die erste Filiale nach dem Vorbild von Gera. Gemeinsam trieben Oscar Tietz und sein Onkel in den Folgejahren die Filialisierung des Systems »Hermann Tietz« voran. Ein wenig war die Gründung von Filialen auch der Tatsache geschuldet, dass beide Männer, Neffe und Onkel, sich trotz inniger Verbundenheit oft beim Versuch in die Quere kamen, dem jeweils anderen Arbeit abzunehmen. Wirtschaftlich war die Ausweitung des Geschäftes so notwendig wie erfolgreich, um am stärker umkämpften Markt zu bestehen.
Am 10. Januar 1889 wurde Betty und Oscar Tietz' erster Sohn Georg geboren. Onkel Hermann war gerade zum Jahresende 1888 in den Haushalt zurückgekehrt, die Freude allgemein. Doch nach einem halben Jahr wurde das Revier für zwei dominante Nachfahren »des Hirsches« wieder zu eng. Diesmal ging Oscar mit Frau und Kind eine Filiale gründen und eröffnete im Sommer einen größeren Laden am damals noch wenig belebten Stachus in München.

In München: Von Filialen zum Warenhaus

Ein Laden mit zehn Schaufenstern zog nicht nur Kundschaft aus allen Schichten Münchens an. Auch Fabrikanten besuchten Oscar Tietz nunmehr mit ihren Angeboten. Noch kamen sie in die Wohnung, aus Angst, von anderen Kunden erkannt zu werden. Tietz kaufte Markenware ohne Herstelleretiketten günstiger ein, und die Ware fand reißenden Absatz.

Das Sortiment wurde ausgebaut und reichte neben dem bisherigen Weiß- und Korbwarenprofil bald schon von Schreibwaren über Bücher, Porzellan bis zu Strümpfen und Trikotagen.

Die Weiterentwicklung des Sortimentes wurde durch die Anmietung der Räume über dem Ladenlokal möglich, wohin alle Funktionen des Geschäftes verlegt wurden, die nicht unmittelbar zum Verkauf gehörten.

Oscar Tietz hatte sich nicht allein theoretisch mit sozialen Fragen befasst und brauchte für seine neuen Konzepte gutes Personal. Die Unterbringung der Angestellten in der Wohnung des Inhabers wurde bei Tietz aufgehoben, die Beschäftigten erhielten für ihren Schritt in ein selbstbestimmteres Leben Wohnungs- und Verpflegungsgeld.

Auch sein nächster sozialer Schritt machte Oscar Tietz wenig Freunde in der Branche: der jüdische Kaufmann führte die Sonntagsruhe in seinem Unternehmen ein. Da

Haus am Bahnhofsplatz, München

es damals keine gesetzlichen Verbote oder gar ein Ladenschlussgesetz im Reich gab, war es üblich, die Läden an Sonntagen vor und nach den Gottesdienstzeiten bis in den Abend hinein geöffnet zu halten.
Höhere Gehälter bei verkürzten Arbeitszeiten – das war attraktiv für gute Fachkräfte und schürte zugleich Neid und Feindseligkeit bei der Konkurrenz.

Mitbewerber überzogen Oscar Tietz wegen angeblich falscher Maße und Gewichte oder auch Betruges mit Verleumdungskampagnen und Anzeigen. Er verlor keinen dieser Prozesse und verstand es, diese missliebigen Ereignisse stets erfolgreich – auch mittels der Berichterstattung in der Presse – als Werbung für seine Firma zu nutzen. In den Ton der Aktionen gegen Tietz mischten sich unüberhörbar antisemitische Züge, wie sie später für den »Kulturkampf« gegen das Warenhaus typisch und prägend wurden.
Onkel Hermann zog im Sommer 1892 wieder in den Haushalt der jungen Eheleute Tietz ein, um unterstützend in der Nähe zu sein. Für seinen Tatendrang wurde vorsorglich eine Filiale am Münchner Viktualienmarkt eröffnet. Weitere in der Region folgten, auch um günstige Einkaufsmengen von den Herstellern zu beziehen.
Für den Konditionenkampf war man aber mittlerweile nicht nur durch Filialen besser gerüstet. Beginnend in der zweiten Hälfte der 1880er Jahre hatte Leonhard Tietz in Stralsund sein Konzept in die gleiche Richtung wie Oscar Tietz entwickelt, mit einem Geschäft in Elberfeld die Filialisierung begonnen und dann zügig und erfolgreich – vor allem im Westen Deutschlands – expandiert.
Auch weitere Familienangehörige, ja sogar zwei der einst so kritischen Onkel (Julius in Nürnberg, Marcus in Bamberg), stiegen ins Geschäft ein. Alle Geschäfte wurden nach gleichen Grundsätzen geführt. Der Einkauf wurde gemeinsam

geplant und koordiniert. Bereits eine Anzeige von 1888 für eine Leonhard Tietz-Niederlassung in Amberg verwies unter der Rubrik »gleiche Geschäfte« auf 20 Tietz-Häuser, die Oscar und Verwandten gehörten. (Erlebniswelt Kaufhof, S. 20)
Die wirtschaftliche und soziale Entwicklung in Deutschland war zum Beginn der 1890er Jahre so weit vorangeschritten, dass insbesondere die industrielle Massenproduktion Absatzwege benötigte. Die schnell wachsenden urbanen Zentren, die Großstädte mit ihrer hohen Einwohnerzahl verlangten ebenso eine neue Qualität der Versorgung. Die Zeit war reif, aus den Vorstufen, wie den Kleinpreisgeschäften des Oscar Tietz mit heterogenem Sortiment, den Schritt zum Warenhaus zu vollziehen.
Das Warenhaus als die Vertriebsform im werdenden Industriezeitalter war in den damals wirtschaftlich und politisch weiter entwickelten Ländern wie Frankreich, Großbritannien oder gar den Vereinigten Staaten längst am Markt präsent und prägte das Gesicht der neuen Städte. Auch Onkel Hermann dürfte die amerikanischen Häuser gut gekannt und seine Erfahrungen eingebracht haben. Entgegen oft geäußerten Auffassungen schien er aber nicht die treibende Kraft bei der Gründung des ersten Warenhauses durch Oscar Tietz gewesen zu sein.
Das Sicherheitsdenken und wohl auch das latente Misstrauen der Onkel ließ diese Oscar bedrängen, sein bedeutendes Barvermögen nicht permanent ins Geschäft

zu investieren, sondern Frau und Sohn durch Erwerb und Teilüberschreibung eines Mietshauses abzusichern. Onkel Hermann riet ab. Doch sogar Oscar Tietz' Mutter Johanna schloss sich dem Drängen der anderen Onkel an. Oscar erwarb schließlich um 1893 das Bürohaus Imperial in München am Stachus.
Der Hauskauf brachte zunächst keinen Segen. Alle Mieter kündigten. Im »Jud-Tietz-Palast« wollte keiner sein Geschäft unterhalten – die jahrelange Propaganda und Hetze trug Früchte. Die Kosten eines leerstehenden Hauses drückten. Not macht erfinderisch, so entschlossen sich Oscar Tietz und Onkel Hermann, das Haus komplett umzubauen. Große Schaufenster entstanden, ein Eckportal wurde eingebaut, Decken aufgebrochen, ein Lichthof wuchs, Fahrstühle wurden eingebaut. Es war eines der ersten Münchener Häuser mit elektrischer Beleuchtung. So öffnet 1894 das erste Warenhaus der Firma »Hermann Tietz«. Fast zeitgleich erblickte mit Martin der zweite Sohn der Inhaber das Licht der Welt.
Parallel und nur wenige Wochen später begann die Firma A. Wertheim die Warenhausära in Berlin. Die Diskussion, welches nun das allererste Warenhaus Deutschlands war, ist müßig. Beide Unternehmen hatten sich auf den gleichen Punkt unter vergleichbaren Bedingungen hinentwickelt und unabhängig voneinander das neue Blatt der deutschen Handelsgeschichte aufgeschlagen. Die Zeit war

reif. Im ganzen Reichsgebiet etablierten sich die Warenhäuser schnell als neuzeitliche Vertriebsform.
Im Kern vereinte der neue Vertriebstyp Warenhaus unter dem Leitgedanken »Großer Umsatz – kleiner Gewinn« alle schrittweise von Oscar Tietz in seinen Läden eingeführten Neuerungen auf großer Fläche und in neuer organisatorischer Qualität, mit einem modernen, auf Rechnungswesen und Statistik basierten Management.
Über möglichst direkten Bezug von großen Mengen wurde beim Hersteller günstig und unter Ausschaltung von Zwischenhandelskosten eingekauft. Die Artikel sind knapp kalkuliert worden, um über einen schnellen Warenumschlag große Mengen abzusetzen. Die Ware wurde zu erkennbar ausgezeichneten Festpreisen gegen Barzahlung verkauft. Es gab keinen Kaufzwang, vielmehr eine nahezu uneingeschränkte Kulanz. Selbst mängelfreie Artikel wurden schon bei »Nichtgefallen« anstandslos zurückgenommen.
Verschiedene Sortimente wurden in einem, in der Regel mehrgeschossigen Geschäft angeboten. So passte das Warenhaus – wie übrigens auch das meist auf eine einzelne Warengruppe beschränkte Kaufhaus – auch in die Zentren der Städte mit ihren hohen Grundstückspreisen, die keinen großen Flächenverbrauch erlaubten.
Unter einer straffen organisatorischen Leitung vereinte das erste Tietz-Warenhaus auf fünf Stockwerken in elf Abtei-

lungen verschiedene Sortimente, von den (Ursprungs)-Weißwaren, Stoffen, Trikotagen über Parfümerie-, Schreib- und Bijouteriewaren bis zu Damen- und Herrenbekleidung, Lederwaren, Heimtextilien, Glas-, Porzellan- und Haushaltwaren, Spielwaren sowie Süß- und Kolonialwaren nebst einigen Konserven.

Preiswerte Artikel in großen Mengen, am besten gleich waggonweise direkt bezogen und zum eigenen Bahnanschluss geliefert, so machte Oscar Tietz Furore z. B. mit Gebrauchsporzellan. Mancher Waggon war an einem Tage verkauft. Die gleiche Idee auf Orangen angewandt, ließ die bis dahin exotisch teure Frucht (50 Pfennig pro Stück), quasi über Nacht zu einer für jedermann für 5 Pfennig erschwinglichen Vitaminquelle werden. Bei einem Wochenverbrauch von einem Waggon rechnete sich auch dieses Geschäft für beide Seiten.

Kulturkampf um das Warenhaus

Beinahe fassungs- nicht aber tatenlos sah die Konkurrenz die beispiellose Entwicklung des neuen Mitbewerbers Warenhaus. Der Wettbewerb artete zum Ende der 1890er Jahre zu einem nationalen »Kulturkampf« aus. Flugblätter, Hetzschriften, Demonstrationen »gegen Schleuderei und Frauenarbeit«, Randale und tätliche Übergriffe wurden organisiert. Georg Tietz erinnerte sich, damals unter Polizeischutz den Laden verlassen zu haben, während sein Vater Tag und Nacht im Warenhaus blieb. (Georg Tietz, S. 45)

Auf der politischen Ebene wurden Verordnungen vorgeschlagen, die den Einzelhandel generell nur im Erdgeschoss und in der ersten Etage zulassen sollten. Gelang es den Warenhausbetreibern noch, diese Vorschriften zu verhindern, so kam es doch zu zahlreichen Schikanen mit Hilfe eigenwilliger Interpretationen des Baurechtes und der Brandschutzbestimmungen. Teure Umbauten der Treppen und Gänge mussten realisiert werden.

Unter anderem gab es in München auch zeitweise eine vorgeschriebene Höchstbesucherzahl für das Warenhaus, welches bei zu vielen Besuchern wiederholt geschlossen werden musste. Die Polizei regelte den Zugang! Im Ergebnis strömten die Kunden noch interessierter und neugieriger an den »verbotenen Ort«. Die Berichterstattung geriet zur erfolgreichen PR-Maßnahme.

Doch die Warenhausgegner organisierten ihre Lobbyarbeit weiter und brachten ein neues Instrument zur Bekämpfung der Warenhäuser in die Debatte: die »Warenhaussteuer«. Größere Betriebe, welche z.B. mehr als drei von acht Warengruppen in Bayern oder zwei von vier Warengruppen in Preußen im Sortiment führten, sollten eine nach der Umsatzgröße gestaffelte Sondersteuer auf den Warenumsatz entrichten.
Bei der warenhaustypisch knappen Kalkulation konnten derartige Kostensteigerungen schnell existenzbedrohend werden oder zur Veränderung der Absatzstrategie führen. Eben darauf setzten die selbsternannten Wahrer des Mittelstandes im 1888 gegründeten Zentral-Vorstand Kaufmännischer Verbände und Vereine Deutschlands unter seinem Vorsitzenden, Senator Schulze-Gifhorn. Ihre Bemühungen scheiterten zunächst in einzelnen parlamentarischen Anläufen.
Vor allem in seiner damaligen Wahlheimat München nahm Oscar Tietz regen Anteil an der Diskussion des Themas mit Abgeordneten. Aber die Warenhausunternehmer kämpften noch einzeln gegen schlagkräftige lobbyistische Zusammenschlüsse um das Wohlwollen und die Unterstützung in Parlament und Exekutive.
Erste Bestrebungen zur Schaffung einer eigenen Interessenvertretung gingen von Tietz aus, erinnerte sich Dr. Johannes Wernicke: »Im Jahre 1898 besuchte Herr Oscar

Tietz gelegentlich während seiner Anwesenheit in Berlin den Verfasser dieses und besprach mit ihm die Notwendigkeit der Gründung eines starken Verbandes zum Schutze der Gewerbefreiheit und Abwehr der drohenden Sondersteuern...« (»Probleme des Warenhauses«, Berlin 1928, S.39)
Energisch versuchte Oscar Tietz, die Interessen der um die Jahrhundertwende in zahlreichen und sehr unterschiedlichen Größen entstehenden Waren- und auch Kaufhäuser zusammenzuführen, um mit größerem politischem Gewicht die Interessen der Gruppe nach außen zu vertreten.
Zunächst blieb sein Bemühen ohne Erfolg. »Denn das Konkurrententum beherrschte gerade diese Kreise noch viel stärker als die Berufszusammengehörigkeit. Jeder ging im Warenhauswesen wie überhaupt im Einzelhandel seine eigenen Wege; er freute sich nicht nur darüber, dass er selbst Erfolge, sondern noch mehr fast, wenn die Konkurrenz Misserfolge hatte«, so schilderte Felix Pinner in der »Weltbühne« die damalige Lage (»Deutsche Wirtschaftsführer« S. 213), um weiter festzustellen: »Oscar Tietz erkannte als Erster die Kurzsichtigkeit und Kleinlichkeit dieses Rivalitätsprinzips. Er sah, dass Zusammenschluß und Einigkeit zwiefach nötig waren.«
Die Jahre nach der Eröffnung des ersten Warenhauses gestalteten sich turbulent. Oscar Tietz war ständig unterwegs auf der Suche nach neuen Bezugsquellen, organisier-

te Ware, begeisterte sich unverändert für technische Neuerungen und deren Umsetzung im Unternehmen, sorgte sich um die Buchhaltung und arbeitete lobbyistisch.

Den Ruhepol im (Waren-)Haus verkörperte Onkel Hermann.

Zeit für die Familie blieb zu wenig; Urlaub gönnte sich Oscar Tietz nicht, Betty und die Söhne verbrachten Ferientage im Münchner Umland, wo sie der Vater sonntags besuchen konnte. In diese Zeit wurde 14 Monate nach Martin das dritte Kind, die einzige Tochter von Betty und Oscar Tietz, Elise geboren.

Berlin – der Schritt zum Volkswarenhaus

Als nächster erfolgreicher Schritt der Expansion folgte Hamburg 1896. In dem Haus am Großen Burstah wurde eine erste Lebensmittelabteilung eingerichtet.
Die 1890er Jahre nutzte Oscar Tietz auch zur ständigen Vervollkommnung seines Wissens und zur Pflege des Erfahrungsaustausches mit Kollegen in Paris und London. Meist fuhr er gemeinsam mit seinem Bruder Leonhard, dessen Warenhäuser im Westen Deutschlands sich ebenso erfolgreich entwickelten und mit dem geschäftliche Aktivitäten und der Einkauf besonders eng koordiniert wurden.
War Oscar Tietz schon im Alltag ein schwieriger Fall für seine Frau, wenn es darum ging, seine eher saloppe Art, sich zu kleiden, ständigen Korrekturen zu unterziehen, gab es nach der Rückkehr von derartigen Reisen stets Anlass zur Kritik, wie Sohn Georg berichtet. (Georg Tietz, S. 54) Regelmäßig trug Oscar bei der Heimkehr Kleidungsstücke von Leonhard und waren z. B. seine Hosen mit dem Bruder nach Köln gereist!
Dem Gentleman Hermann, stets auch auf ein glänzendes äußeres Erscheinungsbild bedacht, wäre das nie passiert! Die Reisen durch Europa und die Erkenntnis, an zahlreichen Standorten mit eher kleineren Warenhäusern ein effizientes System entwickelt zu haben, dessen Wachstumspotential noch nicht ausgeschöpft war, führte zu

Expansionsplänen. Oscar Tietz präferierte London, Onkel Hermann Amerika, Ehefrau Betty wollte keinesfalls Deutschland verlassen.

Der erzielte Kompromiss kam einer wichtigen Weichenstellung gleich. Das Expansionsziel hieß Berlin.

Im Herbst 1900 war glanzvolle Premiere für die Firma »Hermann Tietz« mit der Eröffnung des Warenhauses in der Leipziger Straße am Dönhoffplatz in Berlin-Mitte.

Die »Leipziger« entwickelte sich gerade zur besten Lage der aufstrebenden Hauptstadt. Hier war ein Ort, von dem aus Berlin erobert werden konnte!

Der Eröffnungseuphorie folgte ein kurzer, aber schwerer Einbruch des Geschäftes. 1901 erlahmte die Konjunk tur, Firmenpleiten im Bank- und Baugewerbe hielten das Land in Atem. Der Einzelhandel bekam die Lage zu spüren, auch »Hermann Tietz« geriet in finanzielle Engpässe. Onkel Hermann wechselte aus München nach Berlin.

Hermann Tietz, spesensparend und mit eiserner Finanzdisziplin ausgestattet, ging wieder dem Visionär und Strategen Oscar direkt zur Hand. In der bewährten Kombination gegensätzlicher Charaktere gelang es beiden, das Unternehmen wieder auf Kurs zu bringen.

Bei aller baulichen Pracht hieß das für die Sortimentspolitik: Schluss mit Luxus! Der anliegende Kurs lautete Volkswarenhaus. Der Erfolg kehrte zurück.

»Hermann Tietz«, Leipziger Straße, Berlin

Die Innenausstattung des Hauses Leipziger Straße bot alle Innovationen der damals in der Entwicklung vorausliegenden amerikanischen Großstadthäuser. Ein Erfrischungsraum als Restaurant und eine Kaffee- und Eisdiele sorgten für mehr Aufenthaltskomfort und setzten Maßstäbe für künftige Großwarenhäuser. Ein Kraftfahrzeugfuhrpark mit benzinbetriebenen Fahrzeugen und Elektrowagen wurde eingerichtet.
Architektonisch war das neue Haus ein herausragendes Beispiel der damals favorisierten Stahl- und Glasarchitektur nach dem Vorbild der modernsten Häuser in Amerika. Nur drei vertikale Bauelemente waren überhaupt äußerlich sichtbar in Stein ausgeführt: der Portalbereich und die beiden Treppenhäuser an den Frontecken, u.a. allegorisch verziert mit der Handelsgottheit Hermes und gekrönt von einer Weltkugel mit dem Schriftzug »Tietz«. Die großen Glasflächen ließen Tageslicht weit in die Verkaufsräume strahlen, optimal für den Handel mit Textilien.
Heutzutage sind derartig ansprechende Originalfassaden der ersten, offenen Warenhausarchitektur und Fassadengestaltung in Deutschland kaum zu finden, man muss bis Wrocław (Breslau) reisen, um anhand des heutigen Warenhauses »Feniks« (ehem. Gebr. Barasch) und anderer weitgehend intakter Fassaden eine Ahnung dessen zu erhalten, wie zu Beginn des 20. Jahrhunderts Warenhäuser vom

Organismus Stadt geprägt wurden und zugleich das Stadtbild prägten, die Handelsstrukturen beeinflussten.
In seinem 1908 in der Reihe »Großstadt-Dokumente« erschienenen Buch »Berliner Warenhäuser« schreibt Leo Colze über diese Wechselbeziehung: »Überall da, wo Warenhauspaläste entstanden, begann sich bald in naturgemäßer Folge ein überaus reger Verkehr zu entwickeln. In weiser Erkenntnis dieses zunehmenden Geschäftsverkehrs siedelten sich, die alte Ammenmär von der naturgeborenen Zerstörungskraft des Warenhauses auf das Spezialgeschäft Lügen strafend, Spezialgeschäfte der verschiedensten Branchen an, ihre Fassaden modern ausbauend, in Form und Inhalt das Beste vom Warenhause auf ihren Betrieb übertragend.« (Leo Colze, S. 11)
Colze bezeichnete »das Berliner Warenhaus als vorbildliches Institut, als Triumph modernen Geschäftsgeistes...«
Die Marketingstrategien des Hauses »Hermann Tietz« setzten Impulse in der oben beschriebenen Art für die gesamte Branche. So begann Tietz 1901 mit den »Weißen Wochen«, dem gezielten Abverkauf weißer Meterware von Leinen, Kleider- und Wäschestoffen im sonst (und bis heute!) eher umsatzschwachen Februar jeden Jahres. Die Häuser verwandelten sich innen und außen in eine Sinfonie von strahlendem Weiß!
Nicht nur Stoffe, bald schon wurden alle nur denkbaren Artikel des breiten Sortiments in weiß oder in hellen

Weiße Woche, Anzeige, Leipziger Straße, Berlin

Farbtönen, seien es Damen- und Herrenoberbekleidung und Schuhe, Putzwaren oder auch Haushaltsartikel oder Porzellan, passend zum Thema der »Weißen Wochen« angeboten. Der Einsatz der elektrischen Außenbeleuchtung und Lichtreklame – auch da war Tietz der Pionier –, die Gestaltung der Schaufenster und der Zeitungsreklame – hier wurde Handel inszeniert wie noch nie zuvor im

Weiße Woche, »Hermann Tietz« am Alexanderplatz, Berlin

deutschen Markt, wurden weiße Glanzpunkte in das nasskalte Februarstadtwetter gesetzt.

»Riesige Plakate an der Außenfront weisen auf die Weiße Woche hin, sämtliche Schaufenster sind ganz in Weiß dekoriert, weite Räume des Warenhausinnern sind voll weißer Wäsche gestapelt. Die überall gehäuften Türme und Pyramiden der mit bunten Bändern gebündelten Wäschehaufen, dies Weiß überall, breitet eine helle, frohe Stimmung durch das Haus, die sich auch dem Personal mitteilt. Die Weiße Woche ist das Fest des Warenhauses«, beschreibt Kurt Pinthus 1928 in der »Industrie-Bibliothek« das Festival in Weiß. (S. 162 f.)

Der Erfolg dieser groß angelegten Werbekampagne gab Oscar Tietz Recht, die »Weißen Wochen« wurden zum Allgemeingut des Einzelhandels. Sie fanden bald schon nicht nur in den Tietz-Häusern, sondern überall zeitgleich statt. Auch andere Sonderveranstaltungen, wie Inventurausverkäufe und saisonale Schlussverkäufe, haben ihre Entstehung den Warenhäusern zu verdanken.

Durch Zusammenziehung der Anfangsbuchstaben des Firmennamens entstand eine der ersten Handelsmarken, HERTIE, verwendet für diverse Artikel. Die Bekanntheit der Marke HERTIE wurde 30 Jahre später zur Namensänderung nach der »Arisierung« genutzt.

Die Rolle eines Trägers der Innovation für den gesamten Wirtschaftszweig und die von Colze vorab beschriebe-

ne Funktion des Warenhauses als Kristallisationskern neuer urbaner Zentren des Handels wurden von den warenhausfeindlichen Kräften in Handel und Politik negiert.
Die Debatte um Warenhaussteuern verschärfte sich. Die Warenhäuser hatten noch immer keine gemeinsame Lobby.
Nach Sachsen (1897) und Bayern (1899) führten Preußen (1900) und andere Bundesstaaten des Reiches bis hin zu Hessen (erst 1911) Warenhaussteuern ein, die in den Folgejahren oft noch erheblich angehoben wurden. Die Warenhäuser hatten eine empfindliche politische Niederlage, ja eine öffentliche Brandmarkung erfahren müssen und sahen sich in der Folge unverändert aggressiven Angriffen ausgesetzt. »Warum ist es unverständig und unrecht im Warenhause zu kaufen?« titelte Pfingsten 1904 eine »Aufklärungsschrift« des Schutzvereines zur Bekämpfung der Warenhäuser aus Hamburg.
Die angestrebte Wirkung verfehlte die Warenhaussteuer. Häuser, welche nicht schnell durch Reduzierung der Warengruppen zu Kaufhäusern mutierten, bekamen am Markt wertvolle Alleinstellungsmerkmale. Sie konnten sich als Universalanbieter profilieren, während sich für Jahre kaum neue Konkurrenz traute, auf diesem Sektor tätig zu werden. Die Warenhäuser schärften so ihr Profil.
Zugleich bestanden enge Abhängigkeiten von Produzen-

ten, so dass erhebliche Teile der Steuerlast an die »Vorstufe« weitergeleitet werden konnten.

Der Handelslobbyist

Oscar Tietz setzte sich an die Spitze der Einigungsbestrebungen der verfemten Warenhäuser. Er wurde zum führenden Handelslobbyisten des Reiches. Seine selbsterworbene Bildung und Belesenheit, sein rhetorisches Geschick bei einer viel zitierten Beredsamkeit und die Tatsache, dass er seit den ersten öffentlichen Anfeindungen zu Beginn der 1880er Jahre in Gera ständig Abwehrkampf und Öffentlichkeitsarbeit in den Medien betreiben musste, machten ihn für diese Rolle besonders geeignet.

Er führte dann 1902 die entscheidenden Gespräche mit Kollegen, in deren Ergebnis sich ein Ausschuss von zwölf Kaufleuten bildete, von dem dann die Gründungsinitiative für den Verband Deutscher Waren- und Kaufhäuser (VDWK) ausging. Die Inhaber bzw. die beteiligten Firmen dieses Ausschusses lesen sich wie das »who is who« der damaligen deutschen Warenhauslandschaft, ebenso wie ein Zeugnis des Engagements zahlreicher jüdischer Kaufleute für die Branche in der Gesellschaft.

Sie sollen hier nicht nur wegen ihres damals guten Klanges im Wirtschaftsleben, sondern auch deshalb

erwähnt werden, weil fast alle Namen und Firmen nach der Shoah nur noch Erinnerung sind:
Gebrüder Barasch, Breslau; Eduard Bormass, Hannover, M. Conitzer & Söhne, Marienwerder; Hermann Haas, Trier; Geschwister Knopf, Karlsruhe; Messow & Waldschmidt, Dresden; Wilhelm Stein, Berlin; Hermann und Oscar Tietz , Berlin; Leonhard Tietz, Köln; S.Wronker & Co., Frankfurt a.M..
Übrigens war der Gründungsausschuss mit drei Kaufleuten Tietz nicht nur eine Art erweitertes Familientreffen; mit den Firmen Knopf und Wronker waren gleich zwei weitere aus Birnbaum stammende Familien vertreten! Unter den späteren Mitgliedern findet man dann zur Vervollständigung der Birnbaum-Liste noch die namhaften Warenhausunternehmer Joske und Ury.
Das Hervorgehen zahlreicher eigenständiger aber oft auch kooperierender Handelshäuser aus einem Ort ist in der deutschen Handelsgeschichte selbst nicht neu. Ob die aus dem Hausiererdorf Fügen stammenden »Zillertaler«, die Fredeburger (u.a. Fa.Sinn) oder die Mettinger Tiötten (u.a. Hettlage, C&A), oft führten ein gemeinsamer Herkunftsort und eine herangereifte Zeit dazu, dass aus einer Kleinstadt heraus ganze Märkte umgestaltet, revolutioniert wurden.
Birnbaum ist in dieser Reihe der jüngste Fall in der deutschen Handelsgeschichte gewesen. Die Besonderheit

des »Phänomen Birnbaum« lag darin, dass hier ausschließlich jüdische Kaufleute die Akteure waren. Das »Phänomen Birnbaum«, offenbar ebenfalls aus räumlicher Nähe, freundschaftlicher Verbundenheit und intensiver Kommunikation in der kleinen jüdischen Gemeinde vor Ort geboren, hat schon viele Freunde, aber auch die (Tod)feinde der jüdischen Warenhausgründer beschäftigt.

Selbst in den späteren nationalsozialistischen Hetzbroschüren gegen die Warenhäuser wird der Ort im Zusammenhang mit antisemitischen Tiraden Erwähnung finden: »Da findet man sie beisammen, wie wenn sie einem Rasseforscher die Arbeit erleichtern wollten: die teils reinrassigen Typen der Schocken, Grünbaum, Knopf, Hirsch und die halben Talmiköpfe der Tietz, Wronker, Joske, Ury und wie sie alle heißen, die aus Birnbaum und von weiter östlich her kamen…«, wird Hans Buchner 1930 in der Nationalsozialistischen Bibliothek unter dem Titel »Warenhauspolitik und Nationalsozialismus« schreiben. (Hans Buchner, S. 3)

Am 25. Februar 1903 konstituierte sich im Palast-Hotel zu Berlin der Verband Deutscher Waren- und Kaufhäuser. Der Spiritus Rector und Initiator Oscar Tietz wird einmütig zum Vorsitzenden gewählt.

Über seine Rolle im VDWK schrieb Gerson Bach, Geschäftsführendes Vorstandsmitglied des Verbandes im Jahre 1928 rückblickend: »Innerhalb des Verbandes war der Geschilderte in jeder Beziehung führend und Richtung gebend. 20 Jahre war er, getragen von dem Vertrauen der Mitglieder, erster Vorsitzender des Verbandes, und nur der Tod konnte dieses Band lösen.« (»Probleme des Warenhauses«, S. 11)

Im Programm sieht sich der VDWK als Sachwalter des gesamten Warenhandels, spricht sich für Gewerbefreiheit, für eine Gesetzgebung zur Bekämpfung unlauteren Wettbewerbes und gegen diskriminierende Sondersteuern oder Bauordnungen aus. »Wir wollen ein ständiges Sachverständigen-Organ für die Angelegenheiten des Waren- und Kaufhauses bilden, das unsere Interessen in allen uns berührenden Fragen vertritt.«, heißt es im Gründungsaufruf. (»Probleme des Warenhauses«, S. 40)

Der VDWK wurde zum ersten nationalen, branchenübergreifenden Verband im deutschen Einzelhandel, widmete sich neben der Lobbyarbeit zahlreichen anderen wirtschaftlichen Themen (Kontakttage mit der Industrie) und fachlichen Fragen (Fachkommissionen für Wettbewerb und Reklame, Kommission für soziale und Personalfragen) und Kooperationsmodellen (Gründung von Einkaufsvereinigungen).

Oscar Tietz gehörte dabei nicht zu den ehrenamtlichen Verbandsfunktionären, denen das Mandat wichtiger war als der Grund ihrer Mitgliedschaft, die eigene unternehmerische Tätigkeit und die des gesamten Standes zu befördern.

Warenhauskönig und sozialer Unternehmer

Zügig trieb Oscar Tietz die Expansion in Berlin voran, es entstanden in wenigen Jahren die großen Häuser Belle-Alliance-Straße (1901), Alexanderplatz (1905), Frankfurter Allee (1905). Es entstanden Neubauten unter anderem in Gera (1904), Einkaufs- und Lagerhäuser, Werkstätten, erste Filmtheater, eine eigene Kohlengroßhandlung, Engagements in Belgien (Warenhäuser) und Frankreich (Einkaufsbüro) komplettierten den bereits damals größten europäischen Warenhauskonzern in Privatbesitz, das Werk des Oscar Tietz.

Wenn man Oscar Tietz gemeinhin als Warenhauskönig bezeichnete, so war er, um im Bilde zu bleiben, ein sehr aufgeklärter, ja demokratischer Monarch. Die sozialkritische Lektüre aus seinen frühen Jahren war nicht vergessen, sein Jugendidealismus nicht als Ballast beim Höhenflug über Bord gegangen.

Der Unternehmer Tietz blieb sich treu und handelte weit vor der Definition einer sozialen Marktwirtschaft verantwortungsvoll und auf einen Interessenausgleich mit den tausenden Arbeitern und Angestellten (1907 ca. 3.500) bedacht. Er investierte in drei eigene Berufsschulen in der bis heute gültigen Erkenntnis, dass qualifizierte und motivierte Beschäftigte das wichtigste Erfolgskriterium im Handel sind. Diese später sogar staatlich anerkannten Schulen

waren den Häusern Alexanderplatz, Leipziger Straße und Frankfurter Allee angegliedert. So sicherten sie räumlich wie inhaltlich die notwendige Praxisnähe der Ausbildung.
Maßstäbe setzten Oscar und Betty Tietz auch mit der Errichtung einer nach ihnen benannten Stiftung für die Unterstützung unbemittelter Personen und weiterer karitativer Einrichtungen sowie einer Tietz-Stiftung für Unterstützungszwecke und Darlehen für Mitarbeiter der Firma.
Eine Pensionskasse für Angestellte sicherte die zusätzliche Altersvorsorge nach 10jähriger Betriebszugehörigkeit.
Das 25jährige Firmenjubiläum verbanden die Eheleute Tietz darüber hinaus mit umfangreichen Spenden und Stiftungen an die Städte Birnbaum, München und Berlin, die jüdischen Gemeinden von München und Berlin sowie das Rote Kreuz.
Das soziale Engagement von Oscar Tietz blieb nicht ohne Kritik. Pensionskassen gab es nur in wenigen anderen Wirtschaftszweigen und dort im Ergebnis gewerkschaftlichen Kampfes. Freiwillig und dazu noch im Handel derartiges zu etablieren, führe zur »Anreizung der Begehrlichkeit der Arbeiterschaft«, hieß es.
Die Satzungen der Stiftungen und Unterstützungskassen sahen dazu auch noch geheim und frei gewählte Vertreter der Belegschaft in den Beiräten vor. Oscar Tietz musste sich prompt das »Eindringen sozialistischer Ideen in die Unternehmerschaft« vorwerfen lassen. (Georg Tietz, S. 91 f.)

Gedenkstein Oscar Tietz, Birnbaum 1913

Oscar Tietz aber setzte auf die aktive Einbeziehung der Mitarbeiter in die Entwicklung des Unternehmens und richtete im Unternehmen eine »Konferenz« ein. Dieses Gremium tagte monatlich unter seiner Leitung. Die Mitglieder der Konferenz wurden nach Berufsgruppen von den Angestellten aller Berliner Häuser in geheimer Wahl bestimmt.
26 Belegschaftsvertreter sowie alle Geschäftsführer und deren Stellvertreter wurden so regelmäßig über den Geschäftsverlauf und anstehende Veränderungen informiert, konnten Probleme ansprechen und eigene Vorschläge einbringen. Jedem Mitarbeiter stand es frei, persönlich oder anonym über ein Mitglied der Konferenz Beschwerden und Hinweise vorzutragen. Was hätten nur die Onkel aus Prenzlau dazu gesagt?
Ein Onkel, der Onkel und väterliche Freund, von den Kindern Georg, Martin und Elise liebevoll Großvater genannt, verließ kurz nach den Jubiläumsfeiern unwiederbringlich die Familie. Hermann Tietz starb im Mai 1907 und wurde unter überwältigender Anteilnahme der Öffentlichkeit auf dem Jüdischen Friedhof in Berlin-Weißensee beigesetzt. Sein Name und Andenken dauerten im Firmennamen fort und blieben Credo für Oscar Tietz.
Fast alle Häuser wurden in den Folgejahren deutlich erweitert. Die Standorte Leipziger Straße und Alexanderplatz sollten zu Oscar Tietz' Lebzeiten die Flagschiffe des Konzerns werden. In beiden Häusern fand nur die modernste

Technik Verwendung, gab es mit die ersten Rolltreppen und natürlich Fahrstühle und andere Annehmlichkeiten.
Die Volkswarenhäuser öffneten ihrer Kundschaft nicht nur Warenwelten zu günstigen Preisen. Die Buchabteilungen führten preiswerte, erschwingliche Ausgaben. Eigene Leihbüchereien ermöglichten gegen einen Jahresbeitrag von 7,50 Mark die tägliche Leihe eines Buches.

Hermann Tietz 29.4.1837– 3.5.1907

Im »größten photographischen Atelier der Welt« gab es Vergrößerungen bis zum Format von 1x2 Metern in der Leipziger Straße.

Prachtvoll gestaltet und mit einer enormen Angebotsvielfalt versehen, waren die Lebensmittelabteilungen wahre Magneten in den Häusern. Die Lebensmittelinserate der Tietz-Häuser am Freitagmorgen hatten den Status von

Lebensmittelabteilung »Hermann Tietz« am Alex, Berlin

Kurszetteln und wirkten durchaus preisregulierend für den gesamten Markt.
Der Einführung der Orange als Massenprodukt folgte ebenfalls durch »Hermann Tietz« die Popularisierung einer Frucht, die bis dato in Berlin kaum jemand kannte: knallrot, etwas wässrig innen und fremdartig schmeckend – die stets skeptischen aber auch neugierigen Berliner waren hin- und hergerissen. Aber bei einem Kilopreis von nur 10 Pfennigen gab es kein Halten mehr! Die Tomate wurde zum neuen Volksnahrungsmittel und Tietz hatte 1909 die »Tomatenschlacht« geschlagen.
Doch das Donnergrollen anderer, realer und grausamer Schlachten war schon zu vernehmen.

Erster Weltkrieg, Revolution und Weimarer Republik

Der Kriegsausbruch überraschte die Eheleute Tietz auf einer Skandinavienreise. Auch wenn Oscar Tietz sich Ehrungen und Orden immer verbeten hatte, national und vaterländisch gesonnen, hatte ihn die allgemeine Kriegsbegeisterung erfasst. Sohn Georg berichtet in seinen Erinnerungen davon, mit seiner Antikriegsposition zunächst selbst in der Familie recht einsam gewesen zu sein. (Georg Tietz , S. 160)

Der Krieg ergriff Besitz von der Wirtschaft. Die Zeiten freien Warenhandels waren vorüber, Zwangsverwaltung, Bestandsbewirtschaftung, Karten und Marken statt Geld in den Kassen – für »Hermann Tietz« waren zwar einige schnelle Gewinne zu machen, aber gute Geschäfte kannte dieser Krieg nicht.

Da es immer weniger Angebote gab, kauften die Kunden fast alles.

Insbesondere die logistischen Fähigkeiten und die Beschaffungskompetenzen des Handels und vor allem der Warenhausunternehmen waren gefragt. Oscar Tietz wurde zum »Delegierten für Woll- und Bekleidungsbeschaffung« ernannt, einem einflussreichen Zivilposten im Generalsrang mit eigener Uniform. (Georg Tietz, S. 164)

Sohn Georg entfaltete unglaubliche Talente bei der Organisation von Devisen für die Reichsregierung oder Schuhen für das Heer Österreichs.

Im ersten Hungerwinter 1916/17 organisierte Oscar Tietz mit Devisen und Hilfestellung des Militärs 3000 Tonnen Schmalz durch Seeblockaden und Embargo. In einem Husarenritt kaperte Georg Tietz mit zwei Torpedobooten ein vorher durch ihn für Göteborg geordertes norwegisches Frachtschiff mit dem von ihm via Stockholm gekauften amerikanischen Schweineschmalz. Der überraschte Kapitän wurde finanziell »ruhig gestellt« und das Schiff lief in einen deutschen Hafen. Vom

Schmalz ging die Hälfte ans Heer und 1500 Tonnen waren binnen eines Tages in den drei Berliner Häusern verkauft, bevor der nicht eingeweihte Magistrat eine Beschlagnahme erwirken konnte. So konnte Unternehmergeist hin und wieder Linderung schaffen, das Land jedoch geriet in immer größere Not. Stets sozial engagiert, sorgte sich Oscar Tietz um in der Schweiz internierte, mit den Kriegsgegnern ausgetauschte deutsche Soldaten. Er organisierte die »Gefangenenfürsorge Schweiz«, ließ Werkstätten errichten, besorgte Material und vertrieb die handwerklichen Erzeugnisse zugunsten der Internierten.

Der Schirmherr der »Gefangenenfürsorge Schweiz« war König Ludwig von Bayern. Dieser erschien dann auch zu einer Ausstellung der Arbeiten aus den Schweizer Werkstätten im Tietz-Haus München. Hierzu berichtet Georg Tietz, dass der König Oscar Tietz den St. Michael-Orden Erster Klasse verbunden mit der Erhebung in den Adelsstand überreichen wollte, ihm der selbstbewusste Kaufmann aber mit der Bemerkung zuvorgekommen sei: »Wissen S', Majestät, zu der Zeit, wo er mich g'freut hätt', hätten S' mir ihn eh' net gegeben, und heut' freut er mich nicht mehr. Mein ganzes Leben hab ich keinen Orden getragen und keinen Titel a net.«

König Ludwig zollte dieser Haltung Respekt: »... i würd's a so machen...« (Georg Tietz, S. 176)

Zur Jahreswende 1917/18 wuchs der Friedenswunsch aller Schichten. Auch im Hause Tietz debattierten unterschiedlichste Gesprächsrunden als Friedenskreis von Unternehmern, Abgeordneten wie Gustav Stresemann oder Otto Wels, Journalisten, Unternehmern wie Rolf Mosse und Militärs miteinander bis zum Revolutionsausbruch im November 1918.
Noch am Vorabend des 9. November 1918 tagte der Friedenskreis bei Oscar Tietz. Die Wirren der Revolution begannen. Die Häuser und Familienangehörigen von Oscar Tietz kamen durch geschicktes Verhandeln relativ unbeschadet durch die sich anschließenden Monate. Auch in den Warenhäusern wurden – wie allerorten – Arbeiter- und Soldatenräte gebildet. Nur bei »Hermann Tietz« wurden Oscar und Georg mit hineingewählt und erhielten den Vorsitz!
In den sich anschließenden Unruhen geriet das Haus am Alexanderplatz in die Kampflinien rivalisierender Truppen und unter Beschuss. Ausgestattet mit Schutzbriefen vom reaktionär-militanten Freikorps einerseits und dem KPD-Funktionär Wilhelm Pieck auf der anderen Seite, gelang es Georg Tietz, das Innenleben des Hauses zu retten.
Zwei große politische Erfolge errang Oscar Tietz in der entstehenden Weimarer Republik. Es gelang ihm, das ungerechte differenzierte Steuersystem, dessen Teil auch die Warenhaussteuer war, durch ein von ihm konzipiertes Modell einer generellen Umsatzsteuer zu ersetzen. So

wurde Oscar Tietz zum geistigen Vater der heutigen Mehrwertsteuer.
Als treibende Kraft konnte Tietz mit dem VDWK 1919 eine weitere Vision Wirklichkeit werden lassen. Die stets heillos zerstrittenen Handelsverbände einten sich unter seiner Federführung zur Hauptgemeinschaft des Deutschen Einzelhandels (HDE). Der VDWK wurde Mitglied in der HDE.

Krönung des Lebenswerkes – die Söhne erwerben das KaDeWe

1919 ordnete Oscar Tietz vorausschauend die Verhältnisse im Unternehmen, vielleicht auch motiviert durch das erlebte Chaos der vergangenen Jahre. Er, der sich um eine gute Ausbildung der Söhne gesorgt und ihnen gleichzeitig Raum zur eigenen beruflichen Entfaltung z. B. durch längere Auslandsaufenthalte gegeben hatte, war um Nachhaltigkeit in der Unternehmensführung bemüht. Georg, der bereits frühzeitig Verantwortung übertragen bekommen hatte, war 1917 Teilhaber geworden, Martin Tietz und Schwiegersohn Dr. Zwillenberg wurden es nun zu gleichen Bedingungen.
Oscar Tietz Entscheidung ist durch die weitere Entwicklung der Firma »Hermann Tietz« bestätigt worden. Alle drei Unternehmer der neuen Generation haben das Unternehmen in den 1920er Jahren erfolgreich weiterent-

Friedhof Weißensee

wickelt. Die Stellung in Berlin bauten sie durch die Jandorf-Übernahme 1926 erheblich aus, gehörte von da an doch auch das Flaggschiff der deutschen Warenhauskultur, das KaDeWe, zu »Hermann Tietz«.
Oscar Tietz war es nicht mehr vergönnt, diese Krönung seines Schaffens zu erleben. Er musste aber auch nicht mehr ertragen, was seinen Kindern das Schicksal auferlegte und eine eigene Geschichte darstellt, den erpresserischen Raub des Lebenswerkes und die Flucht aus der Heimat, um das eigene Leben noch zu retten. In einem Kurzurlaub nach anstrengenden Beratungen zur Reorganisation eines Warenhauses in der Schweiz brach er beim ersten Spaziergang am 17. Januar 1923 tot zusammen.
Oscar Tietz wurde an der Seite seiner Mutter Johanna und seines Onkels Hermann auf dem Jüdischen Friedhof Berlin-Weißensee beigesetzt.
Mit Besuchen an seinem Grab und in seinem Geburtsort Birnbaum an der Warthe erinnern Berliner Kaufleute heute an den Kaufmann und sozial engagierten Bürger Oscar Tietz, dessen Werk den Einzelhandel Deutschlands im vorigen Jahrhundert revolutionierte und bis heute das Antlitz des Wirtschaftszweiges und seiner Interessenvertretung prägt. Kaufleute aus Deutschland und Gremien des Handelsverbandes Berlin-Brandenburg wie auch des Handelsverbandes Deutschland tagten in den letzten Jahren in Miedzychod und ließen sich von der Magie des

Ortes und den erzählten und noch nicht erzählten Geschichten um die Kaufleute jener Stadt inspirieren.
In Birnbaum erinnert seit dem Jahre 2002 wieder ein Gedenkstein an den großen Sohn und Ehrenbürger der Stadt. Der Stein steht unweit des ersten, 1913 errichteten, 1919 auf Polnisch »umgeschriebenen« und 1939 von den

Berliner Kaufleute am neuen Gedenkstein in Miedzychod

Nazis unauffindbar zerstörten Denkmales in der von Oscar Tietz einst gestifteten Parkanlage am Seeufer. Als »Oscar Tietz Park« ist diese schöne Anlage in den letzten Jahren liebevoll neu gestaltet worden. Eine im Stile polnischer Volkskunst gestaltete hölzerne Skulptur des einstigen Stifters steht am Eingang des Parks. Seine weiteren Stiftungen wie die Turnhalle und das ehemalige Wannenbad stehen gut erhalten und werden gepflegt. Der seit 2008 verliehene Unternehmerpreis der Stadt Miedzychod ist ein kleiner Bronzebirnbaum mit sieben Birnen und einer Mauerkrone in Anlehnung an das Stadtwappen. Den früher namensgebenden Birnbaum ziert allerdings in Abweichung vom Wappen ein Reliefportrait von Oscar Tietz.
Auf dem ebenfalls von Oscar Tietz gestifteten Sportplatz toben die Kinder von Miezychod. Sicher stecken auch sie voller neuer Ideen und vielleicht brechen ja wieder einige auf in den größeren Markt Europa ...
Ein besonderes Ereignis für die Familie Tietz und Miedzychod war der vom Handelsverband Berlin-Brandenburg organisierte Besuch von Oscar Tietz' Enkelin Roe Jason mit Ur- und Ururenkeln aus den Vereinigten Staaten im Mai 2008. Im gleichen Jahr veranstalteten die Handelsverbände von Berlin-Brandenburg ein Gedenkkonzert anlässlich des 150. Geburtstages von Oscar Tietz in der Synagoge Rykestraße in Berlin in Anwesenheit seiner Enkeltochter Dr. Helga Zwillenberg.

Erste Reihe: Oscar Tietz' Enkeltöchter Dr. Helga Zwillenberg (1.v.r.) und Roe Jasen (3.v.r.) mit Ur- und Ururenkeln des Namensgebers vor der Oscar-Tietz-Schule in Berlin mit dem Schulleiter Ekkehard Heidrich (2.v.r.)

Mit dem Namen Oscar Tietz können mittlerweile nicht nur Spezialisten und Handelshistoriker etwas verbinden. Ihm, seinem Werk und Wirken ist seit der ersten Auflage dieser Miniatur endlich mehr Gerechtigkeit widerfahren.
Auch angehende Kaufleute aus Berlin setzen sich intensiver mit deutsch-jüdischer (Handels-)Geschichte auseinander, trägt doch das Oberstufenzentrum Handel 2 im Berliner Bezirk Marzahn-Hellersdorf als größte Ausbildungsstätte des Einzelhandels der Region seit 2008 den Namen »Oscar-Tietz-Schule«.
Schüler, Auszubildende und Lehrer pflegen eine freundschaftliche Zusammenarbeit und einen regen Austausch mit der kommunalen Berufsschule aus Miedzychod.
Wenn junge Menschen aus Polen und Deutschland unter der »Schirmherrschaft« von Oscar Tietz Freundschaft schließen, darf man gespannt sein, wie die Geschichte aus Birnbaum und Berlin weiter geht. Der artesische Brunnen mit dem besonderen Wasser fließt jedenfalls noch wie damals vor über 100 Jahren.

Literatur

Colze, Leo, »Berliner Warenhäuser«. In: Großstadt-Dokumente, Band 47, H. Seemann Nachf. Berlin und Leipzig 1908

Gartmayr, Eduard, »Nicht für den Gewinn allein – eine Geschichte des deutschen Einzelhandels«, Verlag für Wirtschaftspraxis, Frankfurt am Main 1964

Göhre, Paul, »Das Warenhaus«. In: Die Gesellschaft. Sammlung sozialpsychologischer Monographien, 12. Band, Martin Buber (Hrsg.), Frankfurt am Main 1907

Industrie-Bibliothek, Die illustrierte Zeitschrift der Deutschen Wirtschaft, Band 31, Verlag Max Schröder, Berlin 1928

Pinner, Felix, »Deutsche Wirtschaftsführer«, Verlag der Weltbühne, (Berlin)-Charlottenburg 1924

Rapsilber, Maximilian, »Berlin und die Hohenzollern«, Hermann Tietz (Hrsg.), Berlin 1912

Schutzverein zur Bekämpfung der Warenhäuser »Aufklärungsschrift über die Warenhäuser«, Hamburg 1904

Tietz, Georg, »Hermann Tietz«. Geschichte einer Familie und ihrer Warenhäuser, Deutsche Verlags-Anstalt, Stuttgart 1965*

* Dieses ursprünglich nicht zur Veröffentlichung vorgesehene Buch des ältesten Sohnes von Oscar Tietz beschreibt anschaulich die Lebens- und Unternehmensgeschichte bis 1923. Es ist eine der Hauptquellen für jede Darstellung des Themas, so auch für die vorliegende Miniatur, und jedem Interessierten unbedingt zur weiterführenden Lektüre empfohlen.

Verband deutscher Waren- und Kaufhäuser e.V. (Hrsg), »Probleme des Warenhauses«, Berlin 1928

Ferner verwendet wurde:

Buchner, Hans, »Warenhauspolitik und Nationalsozialismus«. In: Nationalsozialistische Bibliothek, Heft 13, Verlag F. Eher, München 1930

Abbildungsnachweis

Archiv Nils Busch-Petersen – 6, 33, 46
Foto Jürgen Albrecht – 59
Foto Margit Billeb – 55
Industrie-Bibliothek, Die illustrierte Zeitschrift der Deutschen Wirtschaft, Bd. 31, 1928 – 36, 37, 49, 57
Georg Tietz, »Hermann Tietz«, Geschichte einer Familie und ihrer Warenhäuser – 15, 21, 48

Über den Autor

Nils Busch-Petersen
geboren 1963 in Rostock-Warnemünde, Studium der Rechtswissenschaft an der Humboldt-Universität zu Berlin, anschließend Assistent am Lehrstuhl für Diplomaten- und Konsularrecht am Institut für Internationale Beziehungen in Potsdam-Babelsberg, Februar bis Juni 1990 Stadtbezirksbürgermeister von Berlin-Pankow im Auftrag des Runden Tisches, seit 1990/1995 Hauptgeschäftsführer des Handelsverbandes Berlin-Brandenburg e.V. (HBB) und seit 2011 Direktor des Louis Lewandowski Festivals.

Jüdische Miniaturen Band 32

80 Seiten, 22 Abbildungen, Broschur

ISBN 978-3-938485-10-1

Euro 6,90